三年生で習う漢字

200字

ページ	漢字
2〜5	**ア行** 悪安暗医委意育員院飲運泳
6〜9	駅央横屋温 **カ行** 化荷界開階寒感
10〜13	漢館岸起期客究急級宮球去
14〜17	橋業曲局銀区苦具君係軽血
18〜21	決研県庫湖向幸港号根 **サ行** 祭皿
22〜25	仕死使始指歯詩次事持式
26〜29	実写者主守取酒受州拾終
30〜33	習集任重宿所署助昭消商
34〜37	章勝乗植申身神真深進世
38〜41	整昔全相送想息速族 **タ行** 他打対
42〜45	待代第題炭短談着注柱丁帳
46〜49	調追定庭笛鉄転都度投豆島
50〜53	湯登等動童 **ナ行** 農 **ハ行** 波配倍箱畑発
54〜57	反坂板皮悲美鼻筆氷表秒病
58〜61	品負部服福物平返勉放 **マ行** 味命
62〜65	面問 **ヤ行** 役薬由油有遊予羊洋葉
66〜69	陽様 **ラ行** 落流旅両緑礼列練路 **ワ行** 和
70〜76	三年生のまとめ　1〜7

筆順　1— 2— 3— 4— 5—　まちがえやすいところ…

	泳	運	飲	院	員	育	意	委	医	暗	安	悪
漢字	泳	運	飲	院	員	育	意	委	医	暗	安	悪
読み方	エイ・およぐ	ウン・はこぶ	イン・のむ	イン	イン	イク・そだつ・そだてる・はぐくむ	イ	イ・ゆだねる	イ	アン・くらい	アン・やすい	アク・オ（悪）・わるい
画数	8画	12画	12画	10画	10画	8画	13画	8画	7画	13画	6画	11画
部首	氵	辶	食	阝	口	肉（月）	心	女	匚	日	宀	心

（練習・確認）

月　　　日

1つ5点

10分

／100点

読んでみましょう

きほん

① あすは天気が（　悪　）い。

② （　安　）らして ねむる。

③ ジュースを（　飲　）む。

④ （　意見　）を言う。

⑤ 今日は（　運　）がよい。

⑥ （　体育　）のじゅぎょう。

⑦ （　暗　）い夜道を歩く。

⑧ （　委員長　）をえらぶ。

⑨ （　安　）いふくを買う。

⑩ （　悪人　）をこらしめる。

⑪ 草木が（　育　）つ。

⑫ （　内科医院　）に行く。

⑬ プールで（　泳　）ぐ。

⑭ 九九を（　暗記　）する。

⑮ にもつを（　運　）ぶ。

⑯ （　飲食店　）がならぶ。

⑰ 親鳥がひなを（　育　）む。

⑱ （　飲用水　）をのむ。

⑲ 海で（　水泳　）をする。

⑳ はんだんを（　委　）ねる。

3 — 漢字3年

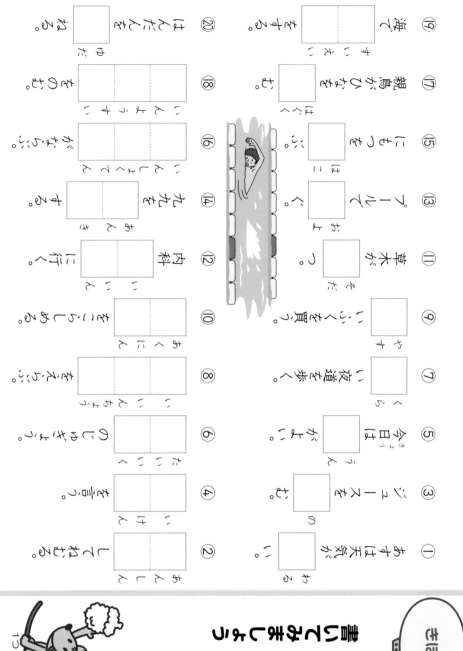

きほん

書いてみよう

月　日

/100点
/125点
10分

① あすは天気が□□わる。（か）

③ バスを□む。（の）

⑤ 今日（きょう）は□□だ。

⑦ □□道を歩く。

⑨ □□い……を買う。（やす）

⑪ 草木が□つ。（そだ）

⑬ プールでおよぐ。（およ）

⑮ にもつを□ぶ。（はこ）

⑰ 親鳥がひなを□む。（はぐく）

⑲ 海で□□する。

② □□ねる。（かさ）

④ □□に言う。

⑥ □□のびる。

⑧ □□がねる。

⑩ □□いになる。（あん）

⑫ 内科（ないか）に行く。

⑭ 丸丸を□□する。

⑯ □□がならぶ。

⑱ □□そのもの。

⑳ □□はんだんする。

そうふくしゅう 1

1 ――の漢字の読みがなを書きましょう。　1つ6〔24点〕

（1）　夕食の用意。

（2）　大きな寺院。

（3）　暗算をする。

（4）　会員がふえる。

2 □にあてはまる漢字を書きましょう。　1つ7〔28点〕

（1）　わるぎ　はなし。

（2）　きすう　りの広い。

（3）　さんちょうこく　をうける。

（4）　いがく　のしん歩。

3 次の画数の漢字を□からえらび、□に書きましょう。　1つ6〔48点〕

（1）　8画

（2）　10画

（3）　12画

（4）　13画

暗　委　意　員　飲　院　運　泳

漢字	読み方	画数
感	カン	13画
寒	カン／さむ（い）	12画
階	カイ	12画
開	カイ／ひら（く）・あ（く）・あ（ける）	12画
界	カイ	9画
荷	（カ）／に	10画
化	カ・（ケ）／ば（ける）・ば（かす）	4画
温	オン／あたた（か）・あたた（かい）・あたた（まる）・あたた（める）	12画
屋	オク／や	9画
横	オウ／よこ	15画
央	オウ	5画
駅	エキ	14画

（右端見出し）漢字…まちがえやすい漢字／読み方／画数・部首・筆順・言葉／練習

月　日

読んでおぼえよう

1つ5点

/100点

① 大きな 荷 もつをもつ。（　　　）

② 駅 前 のバスの り場。（　　　）

③ 世界 の国ぐに。（　　　）

④ 町の 中 央 のあたり。（　　　）

⑤ 実 い風がふく。（　　　）

⑥ 温 かなりょう理。（　　　）

⑦ 温 かいスープ。（　　　）

⑧ デパートの 屋 上。（　　　）

⑨ 母の 横 顔。（　　　）

⑩ 気 温 の高い日。（　　　）

⑪ 大りくを 横 だんする。（　　　）

⑫ 虫の 化 石 を見る。（　　　）

⑬ 花のつぼみが 開 く。（　　　）

⑭ 十時に 開 店 する。（　　　）

⑮ あたたかさを 感 じる。（　　　）

⑯ 二 階 から下りる。（　　　）

⑰ きつねが人に 化 ける。（　　　）

⑱ 春に 寒 気 がゆるむ。（　　　）

⑲ くらのまどを 開 ける。（　　　）

⑳ 犬 小 屋 を作る。（　　　）

きほん

書いてみよう

月　日　　/100点　　135点　　10分

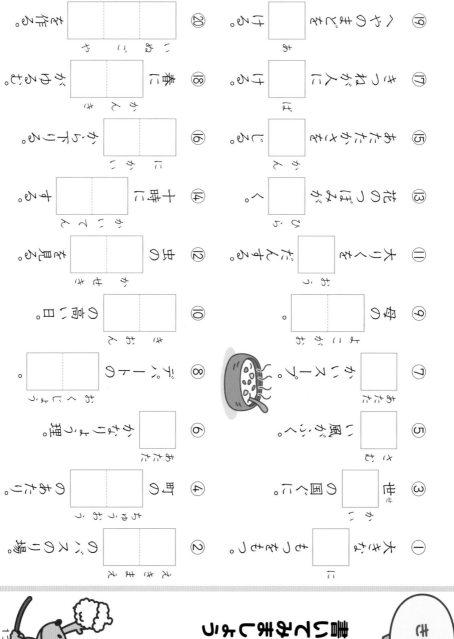

① 大きな □（に）もつ。

② □（えき）のバスの □（のりば）場。

③ 世（せ）□（かい）の国へ。

④ □（　）の町の □（　）。

⑤ □（つめた）い 風が へる。

⑥ □（あたた）かな □（りょう）理。

⑦ □（あたた）かい ソースを □（へん）へ。

⑧ デザートの □（　）。

⑨ 母の □（かお）□（いろ）。

⑩ □（き）□（おん）の高い日。

⑪ 大じな □（　）を □（　）だんする。

⑫ 虫の □（か）□（せき）を見る。

⑬ 花の つぼみが □（ひ）らく。

⑭ 十時に □（かい）□（てん）する。

⑮ あたたかさを □（かん）じる。

⑯ □（　）から □（　）る。

⑰ きつねが 人に □（ば）ける。

⑱ 春に □（　）□（　）がる。

⑲ へやの そうじを □（お）える。

⑳ □（に）□（ん）□（ぎょう）を作る。

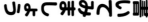

ジュクゴを学ぼう 2

10分

/100点

① ——の漢字の読みがなを書きましょう。 1つ6〔24点〕

(1) 車に 荷 をつむ。　　（　　　　）

(2) 本 屋 にいく。　　（　　　　）

(3) 屋 外 であそぶ。　　（　　　　）

(4) 駅 員 のしごと。　　（　　　　）

② □にあてはまる漢字を書きましょう。 1つ7〔28点〕

(1) [かんしん]□□な行い。

(2) 新しい道が[かいつう]□□する。

(3) 電車のドアが[あ]□く。

(4) 日本の[ぶんか]□□。

③ いみを考えて、つぎの読み方の漢字を□に書きましょう。 1つ6〔24点〕

(1) オウ　①□ くすりの中。　②□だん歩道

(2) カイ　①□ 町と町のきょう。　五②□だてのビル。

④ 漢字とおくりがなで書きましょう。 1つ6〔24点〕

(1) ミルクを[あたためる]〔　　　　〕。

(2) 花が[ひらく]〔　　　　〕。

(3) だんきが[ばける]〔　　　　〕。

(4) 冬は[さむい]〔　　　　〕。

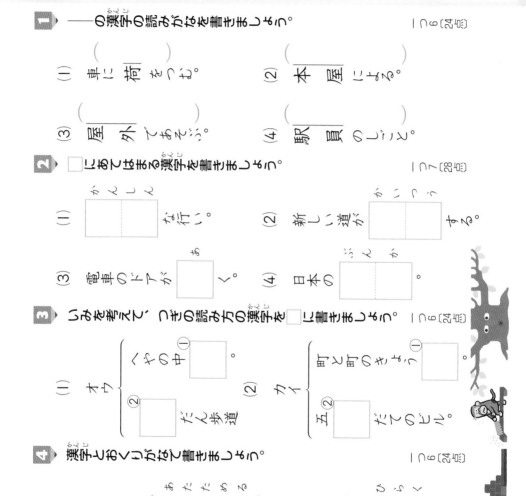

答えは77ページ

漢字	漢	館	岸	起	期	客	究	急	級	宮	球	去
読み方	カン	カン・やかた	ガン・きし	キ・おきる・おこる・おこす	キ・(ゴ)	キャク・(カク)	キュウ・(きわめる)	キュウ・いそぐ	キュウ	キュウ・グウ・(ク)・みや	キュウ・たま	キョ・コ・さる・む
画数	13画	16画	8画	10画	12画	9画	7画	9画	9画	10画	11画	5画
言葉	漢字・漢文	旅館・館内・大きな館	岸・対岸・川岸	起立・早起き	期間・期末・定期	客室・客間・乗客	研究・究明・追究	急用・急病・大急ぎ	級友・進級	王宮・宮大工・お宮	野球・球根・球拾い	去る・消し去る・過去

漢字	読み方 まちがえやすい漢字	画数・部首・筆順・言葉	練習

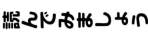

読んでみましょう

月　日

10分
1つ5点
/100点

① お 客 さまを 出むかえる。（　　）

② 漢 字 をならう。（　　）

③ 朝 早く 起 きる。（　　）

④ 海 岸 ぞいの 道。（　　）

⑤ 古い 館 にすむ。（　　）

⑥ 学 級 会（　　）

⑦ がんの けん 究 。（　　）

⑧ 丸い 地 球 。（　　）

⑨ 急 に 雨がふり出す。（　　）

⑩ 一 学 期 がおわる。（　　）

⑪ いそいで 急 ぐ。（　　）

⑫ 去 年 の 会 いこう。（　　）

⑬ 過 去 をふりかえる。（　　）

⑭ 川の 岸 にそって 歩 く。（　　）

⑮ ピンポンの 球 の大きさ。（　　）

⑯ 起 立 して 歌 う。（　　）

⑰ その場から 去 る。（　　）

⑱ むかしの 王 宮 のあと。（　　）

⑲ お 宮 におまいりする。（　　）

⑳ 図 書 館 に 行 く。（　　）

書いてみよう

きほん

月　日

10分

/100点

135点

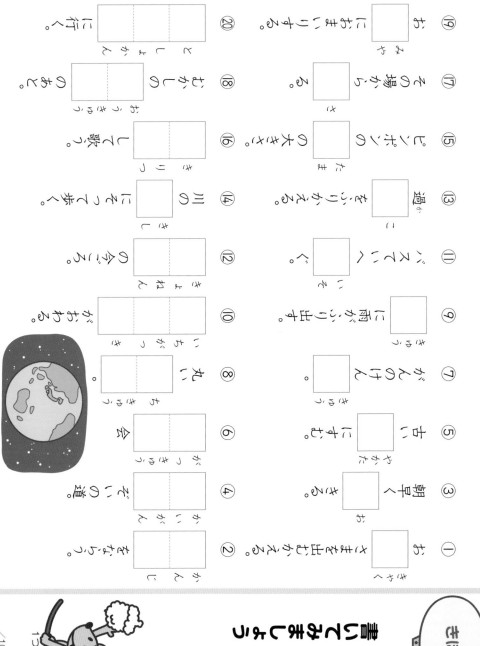

① お□

② □□かんがえる。

③ 朝早く□へ。

④ その□□の道。

⑤ □に□かない。

⑥ □□会

⑦ □□たんの□□。

⑧ □□丸□。

⑨ □□が□に□る雨。

⑩ □□□□がおわる。

⑪ □ニュースをつたえる。

⑫ □□□□の今。

⑬ □を過ごす。

⑭ □の□□□□を歩く。

⑮ ビー玉の□の大きさ。

⑯ □□□□歌う。

⑰ その場から□る。

⑱ □□□□のおと。

⑲ お□にすすみます。

⑳ □□□に行く。

まとめテスト ③

1 ——の漢字の読みがなを書きましょう。 1つ6〔24点〕

(1) 日本海のえん岸。（　　　　）

(2) 電球をとりかえる。（　　　　）

(3) 高級なしなもの。（　　　　）

(4) 原いんを究明する。（　　　　）

2 □にあてはまる漢字を書きましょう。 1つ7〔28点〕

(1) バスのじょう　きゃく　□。

(2) きゅうこう　□□電車にのる。

(3) うるさくとを　き　□る。

(4) ヨーロッパの　きゅう　□でん。

3 つぎの画数の漢字を ┈ からえらび、□に書きましょう。 1つ6〔48点〕

(1) 7画 □

(2) 8画 □

(3) 9画 □

(4) 10画 □

(5) 11画 □

(6) 12画 □

(7) 13画 □

(8) 16画 □

┌─────────┐
漢　館
岸　期
球　起
究　級
└─────────┘

漢字	読み方	画数・部首・筆順・言葉	練習
血	ち／ケツ	6画　血　`丿 亠 血 血 血 血`　血（ち）・止血（しけつ）・鼻血（はなぢ）	
軽	かる(い)／かろ(やか)／ケイ	12画　車　`軽 軽 軽 軽 軽`　身軽（みがる）・軽い（かるい）	
係	かか(る)／かかり／ケイ	9画　イ　`係 係 係 係 係`　関係（かんけい）・係員（かかりいん）	
君	きみ／クン	7画　口　`君 君 君 君 君`　名君（めいくん）・君たち（きみたち）	
具	グ	8画　ハ　`具 具 具 具 具`　雨具（あまぐ）・家具（かぐ）	
苦	くる(しい)・くる(しむ)・くる(しめる)／にが(い)・にが(る)／ク	8画　艹　`苦 苦 苦 苦`　苦手（にがて）・苦心（くしん）・苦い（にがい）	
区	ク	4画　匚　`区 区 区 区`　区間（くかん）・地区（ちく）・区分（くぶん）	
銀	ギン	14画　金　`銀 銀 銀 銀 銀`　金銀（きんぎん）・銀色（ぎんいろ）	
局	キョク	7画　尸　`局 局 局 局 局`　薬局（やっきょく）・局（きょく）	
曲	ま(がる)・ま(げる)／キョク	6画　曰　`曲 曲 曲 曲 曲`　曲線（きょくせん）・曲がり角（まがりかど）	
業	わざ／ギョウ・(ゴウ)	13画　木　`業 業 業 業 業`　始業（しぎょう）・業（わざ）	
橋	はし／キョウ	16画　木　`橋 橋 橋 橋 橋`　歩道橋（ほどうきょう）・石橋（いしばし）	

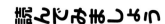

読んでみましょう

① 親子のかん係。（　　）

② すりむいて血が出る。（　　）

③ たろう君の弟。（　　）

④ 銀色の電車が走る。（　　）

⑤ 軽かに走る。（　　）

⑥ 文を読点で区切る。（　　）

⑦ これが苦しい。（　　）

⑧ 苦心してつづける。（　　）

⑨ 川に橋をかける。（　　）

⑩ ゆう名な作曲家。（　　）

⑪ 角を右に曲がる。（　　）

⑫ ものをはさむ道具。（　　）

⑬ ゆうびん局に行く。（　　）

⑭ 出血が止まる。（　　）

⑮ 君の言うとおりだ。（　　）

⑯ 苦いくすりを飲む。（　　）

⑰ 記ろくの係をきめる。（　　）

⑱ かんたんな作業。（　　）

⑲ このかばんは軽い。（　　）

⑳ 歩道橋をわたる。（　　）

きほん

書きじゅんをつけよう

月　日

／125点

／100点

10分

① 親子のかけい□。

③ たろうくんの弟。

⑤ □につける。

⑦ □にいきる。

⑨ 川に□をかける。

⑪ 角を右に□がる。

⑬ ゆうびん□に行く。

⑮ おとうとの言った□だ。

⑰ 記ろくへの□の。

⑲ にわのはなが□。

② □すごとがとびだす。

④ □の電車が来る。

⑥ 文を読点で□。

⑧ □のゆう名をきにつける。

⑩ □のゆう名。

⑫ もののはばをはかる□。

⑭ □が止まる。

⑯ □にすべって飲む。

⑱ □かんだ。

⑳ □をわたる。

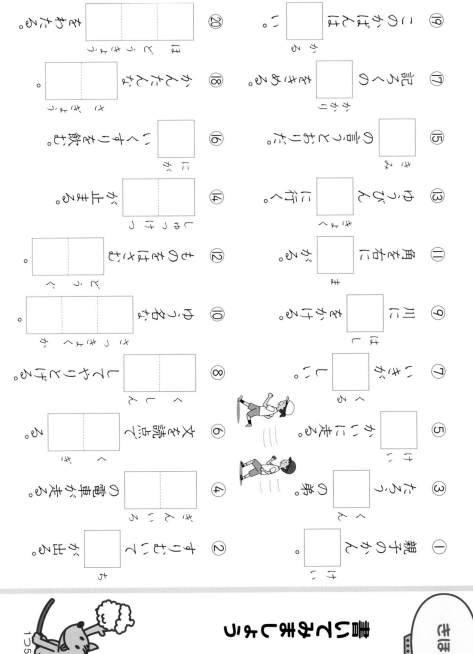

まとめテスト 4

月　日

⏱10分

/100点

1 ——の漢字の読みがなを書きましょう。 1つ6〔24点〕

(1) 橋をわたる。　　（　　　　）

(2) 電話の市外局番。　　（　　　　）

(3) 新しい家具。　　（　　　　）

(4) 銀行に立ちよる。　　（　　　　）

2 □にあてはまる漢字を書きましょう。 1つ7〔28点〕

(1) 山田　くん　の家。

(2) さくせん　を考える。

(3) け　つ　えきをとる。

(4) いうきゅう　地だい。

3 漢字とおくりがなで書きましょう。 1つ6〔24点〕

(1) はり金を〔　まげる　〕。

(2) けがは〔　かるい　〕。

(3) 生死に〔　かかる　〕。

(4) 理解に〔　くるしむ　〕。

4 いみを考えて、つぎの読み方の漢字を□に書きましょう。 1つ6〔24点〕

(1) ケイ
　① □ くらべする。
　② 兄弟かん □

(2) ア
　① □ くらべする。
　② □ じょうを言う。

17—漢字3年

答えは77ページ

漢字	皿	祭	根	号	港	幸	向	湖	庫	県	研	決
読み方	さら	サイ／まつる・まつり	コン／ね	ゴウ	コウ／みなと	コウ／さいわい・しあわせ・(さち)	コウ／むく・むける・むかう・むこう	コ／みずうみ	コ・(ク)	ケン	ケン／とぐ	ケツ／きめる・きまる
画数・部首	5画 皿	11画 示	10画 木	5画 口	12画 氵	8画 干	6画 口	12画 氵	10画 广	9画 目	9画 石	7画 氵

筆順・言葉（各漢字の書き順と用例）

練習欄

読んでみましょう

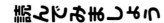

① 決してあきらめない。（　）

② 幸いけがは軽かった。（　）

③ びわ湖の大きさ。（　）

④ 県立の高校。（　）

⑤ 祭りの日が近づく。（　）

⑥ 学級文庫の本。（　）

⑦ 湖のほとりにすむ。（　）

⑧ 海の方向に歩く。（　）

⑨ 委員を決める。（　）

⑩ 思いがけない幸運。（　）

⑪ 皿をふく。（　）

⑫ 番号ふだをもらう。（　）

⑬ 前を向く。（　）

⑭ 空港にたどりつく。（　）

⑮ 幸せにくらす。（　）

⑯ 根気よくつづける。（　）

⑰ 港が見えるおか。（　）

⑱ 研究のけっか。（　）

⑲ 木の根につまずく。（　）

⑳ 大学の文化祭。（　）

きほん

書いてみよう

10分　/100点　135点

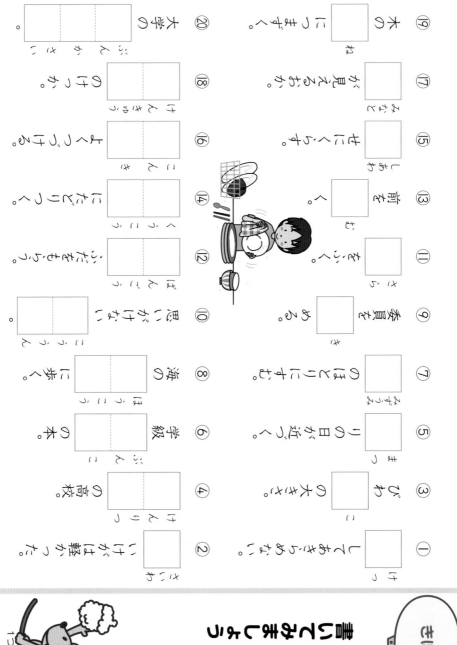

① □（し）け

③ □（じ）ゆうに　あそぶ。

⑤ □（わ）りの　大ぶり。

⑦ □（まつ）の日が近づく。

⑨ 委員を □（き）める。

⑪ □（はい）る。

⑬ 前を □（む）いて　あるく。

⑮ □（しお）を　せいこうする。

⑰ □（みな）が見えるから。

⑲ 木の □（ね）に　□（　）です。…ます。

② □□（けいそう）…いがけは軽かった。

④ □□（けんりつ）の高校。

⑥ 学級 □□（ぶんこ）の本。

⑧ 海の □□（ふかい）ところへ　あるく。

⑩ □□（たんけん）な　思い。

⑫ □□（はくしゅ）でかんげいする。

⑭ □□（へいたい）になった。

⑯ □□（きこく）する。

⑱ □□（しょうねんけ）…のけが。

⑳ 大学の □□（にゅうがく）。

月　日

10分
/100点

かくにんテスト 5

1 ——の漢字の読みがなを書きましょう。　1つ6〔24点〕

(1) 川の向いう岸。

(2) 金庫にしまう。

(3) 地図の記号。

(4) かみさまを祭る。

2 □にあてはまる漢字を書きましょう。　1つ7〔28点〕

(1) 青森けんにすむ。

(2) 小さなみなとまち。

(3) こうふくにくらす。

(4) 大学のけんきゅうし。

3 形に気をつけて、□に漢字を書きましょう。　1つ6〔24点〕

(1) ① ぎんメダル。
　　② 木がねをはる。

(2) ① けつえきをしらべる。
　　② さらをあらう。

4 「氵(さんずい)」のつく漢字を、□に書きましょう。　1つ6〔24点〕

(1) あたたかがスープ。

(2) しゅうごうがきまる。

(3) こはんをさんぽする。

(4) きもちがにぎわう。

答え 77ページ

まちがえやすい漢字

	読み方	画数・部首・筆順・言葉
式	シキ	6画　正しい式・入学式
特	トク	9画　所持品・持ち主
事	ジ・(ズ)・こと	8画　食事・仕事
次	ジ・シ・つぐ・つぎ	6画　次の回・相次ぐ
詩	シ	13画　漢詩・詩人
歯	シ・は	12画　歯科・歯車
指	シ・ゆび・さす	9画　指定・親指
始	シ・はじめる・はじまる	8画　始終・読み始める
使	シ・つかう	8画　使用・事に使う
死	シ・しぬ	6画　死者・小鳥が死ぬ
仕	シ・(ジ)・つかえる	5画　仕方・仕える

筆順 1— 2— 3— 4— 5— まちがえやすいところ…

練習

きほん

読んでみよう

① 死ぼうじこをへらす。

② 仕事がふえる。

③ 王さまに仕える。

④ 歯科医院に通う。

⑤ 金魚が死ぬ。

⑥ 体育館を使用する。

⑦ はさみを使う。

⑧ しあいを開始する。

⑨ 体そうを始める。

⑩ 自分が指名される。

⑪ 手ぶくろを持つ。

⑫ 大事なたからもの。

⑬ 雨のふった次の日。

⑭ 本の目次を見る。

⑮ 一くんの詩を読む。

⑯ 歯車が回る。

⑰ べん当を持さんする。

⑱ 親指をけがする。

⑲ ふじ山に次ぐ高い山。

⑳ 入学式の日。

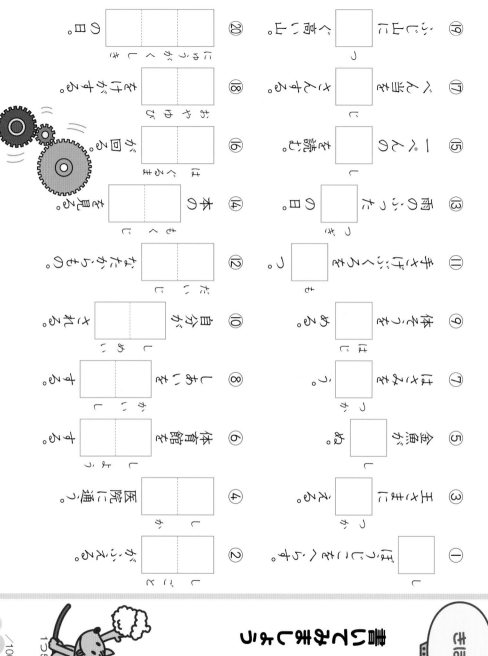

きほん

書きじゅんをつけよう

月　日

10分　/135点　/100点

⑳ □□□の日。(furigana: せ・つ・ぶ・ん)

⑲ □に止まる。

⑱ □□をつける。(furigana: お・ゆ)

⑰ □を当てる。

⑯ □□が回る。(furigana: は・ぐ・るま)

⑮ □人の話を読む。

⑭ □□□本を見る。(furigana: え・ほん)

⑬ 雨の□った日。(furigana: き)

⑫ □□□□ながらのもの。(furigana: む・か・し)

⑪ 手ぶくろをはめる。

⑩ □□に自分がうつされる。(furigana: か・が・み)

⑨ □体そうを□める。(furigana: は・じ)

⑧ □□□□におしえる。(furigana: し・た)

⑦ はさみを□う。(furigana: つ・か)

⑥ □□□体育館を□□する。(furigana: し・よう)

⑤ 金魚が□ぬ。(furigana: し)

④ □□が医院に通う。(furigana: か・し)

③ 王さまに□える。(furigana: つか)

② □□□がかわる。(furigana: しん・ごう)

① □□□□□します。(furigana: ほ・ん)

月　日

10分

／100点

かくてみましょう　⑥

1 ——の漢字の読みがなを書きましょう。　1つ6〔24点〕

(1) （　　　）　食事 をする。

(2) （　　　）　次女 が生まれる。

(3) （　　　）　次 の日曜日に行く。

(4) （　　　）　開会式 を行う。

2 □にあてはまる漢字を書きましょう。　1つ7〔28点〕

(1) きかいの □ 組み。

(2) □ にしたがう。

(3) しあいが □ まる。

(4) 北きょく星を □ す。

3 形に気をつけて、□に漢字を書きましょう。　1つ6〔24点〕

(1) ｛ 国王に ① □ える。

　　　カメラを ② □ う。

(2) ｛ 手にはんを ① □ つ。

　　　② □ を曲げる。

4 いみを考えて、「ン」と読む漢字を□に書きましょう。　1つ6〔24点〕

(1) □ は つ電車にのる。

(2) 生 □ のたからものをさがしまわる。

(3) 自分で □ を書く。

(4) えこきゅう □ が生える。

答えは 77 ページ

漢字	読み方	画数・部首・筆順・書き順	言葉	練習
終	おわる・おえる シュウ	11画 糸	終点・終わる 夏休みが終わる	
拾	ひろう シュウ・(ジュウ)	9画 扌（てへん）	拾い物・拾う 拾い読み	
州	(す) シュウ	6画 川	九州・本州	
受	うける・うかる ジュ	8画 又	受信・受ける 受け答え	
酒	さけ・さか シュ	10画 酉	日本酒・酒 洋酒・酒屋	
取	とる シュ	8画 又	取材・取る 取り組み	
守	まもる・もり シュ・(ス)	6画 宀（うかんむり）	守備・守る 身を守る	
主	ぬし・おも シュ・(ス)	5画 丶（てん）	主人公・主な 主語	
者	もの シャ	8画 耂	医者・者 人気者	
写	うつす・うつる シャ	5画 冖	写真・写す 書き写す	
実	み・みのる ジツ	8画 宀（うかんむり）	実力・実 木の実	

読んでみましょう

1つ5点 /100点 10分

月　日

① 実（けん）をくりかえす。

② 仕事を終（え）る。

③ ぼうしを取（る）。

④ 文の主語（　）。

⑤ チームを守（る）。

⑥ 九州（　）をたびする。

⑦ 写（しん）をとる。

⑧ 木の実（　）がなる。

⑨ あま酒（　）を飲む。

⑩ バスが終点（　）につく。

⑪ いねが実（る）。

⑫ ものがたりの作者（　）。

⑬ 日本の主（な）川。

⑭ 新聞の取（　）ざい。

⑮ 大学を受（　）けんする。

⑯ 悪者（　）をつかまえる。

⑰ カメラで人を写（す）。

⑱ 家の近くの酒屋（　）。

⑲ どんぐりを拾（う）。

⑳ 入学しけんを受（け）る。

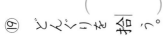

きほん

書きつめまつい

月　　日

/100点

/5点

10分

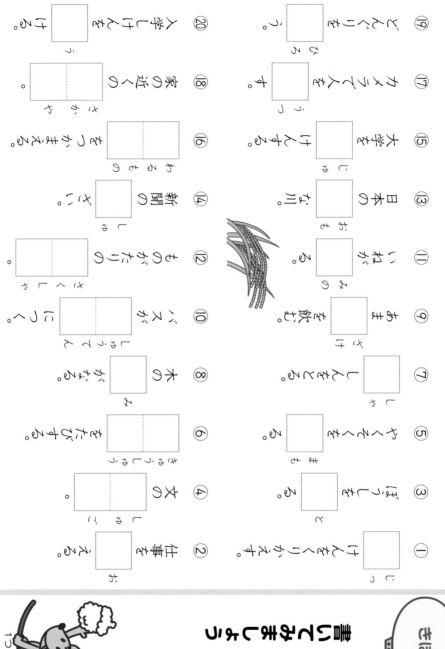

① □けっこにいくやくそくです。

② 仕事を□える。

③ □ほうを□る。

④ 文□の□。

⑤ □かんけつな□ます。

⑥ □きょうだい□す。

⑦ し□ぐんたい□られる。

⑧ 木の□み□がなる。

⑨ あ□を□けす。

⑩ □しょうじん□を□へつ。

⑪ いね□のみ。

⑫ も□がたい□へせき。

⑬ 日本の□もがわ。

⑭ 新聞の□し。

⑮ 大学を□けんす。

⑯ わ□りつ□なる。

⑰ カメラで人を□います。

⑱ 家の近□かね。

⑲ と□こに□い。

⑳ 入学しけんをう□ける。

やってみよう　7

10分　／100点

1 ——の漢字の読みがなを書きましょう。 1つ6〔24点〕

(1) （　　　　）　実力をためす。

(2) （　　　　）　アメリカのフロリダ州。

(3) （　　　）　取しせんたくする。

(4) （　　　　）　みんなの人気者。

2 □にあてはまる漢字を書きましょう。 1つ7〔28点〕

(1) かばんの持ち□。（ぬし）

(2) 家を留□にする。（す）

(3) 日本□を買う。（しゅ）

(4) 保□てきな考え。（しゅ）

3 8画の漢字を┈から四つえらび、□に書きましょう。 1つ6〔24点〕

□　□　□　□

┈┈┈┈┈┈┈┈┈┈┈
実　写　者　取　受　拾
┈┈┈┈┈┈┈┈┈┈┈

4 次のおくりがなのつく漢字を┈からえらび、□に書きましょう。 1つ6〔24点〕

(1) □う　(2) □ける

(3) □す　(4) □わる

┈┈┈┈┈┈┈┈
実　写　取
受　終　拾
┈┈┈┈┈┈┈┈

漢字	読み方	画数・数字／部首／筆順・言葉	筆順	練習
商	ショウ（あきな-う） 口	11画　商店・商売	商商商商商商	商
消	ショウ（き-える・け-す） シ	10画　消火・消しゴム	消消消消消消	消
昭	ショウ 日	9画　昭和	昭昭昭昭昭昭	昭
助	ジョ（たす-ける・たす-かる・すけ） 力	7画　助手・手助け	助助助助助	助
暑	ショ（あつ-い） 日	12画　暑中見まい・暑さ・夏	暑暑暑暑暑暑	暑
所	ショ（ところ） 戸	8画　住所・高い所	所所所所所所	所
宿	シュク（やど・やど-る・やど-す） 宀	11画　合宿・宿屋・宿だい	宿宿宿宿宿宿	宿
重	ジュウ・チョウ（おも-い・かさ-ねる・かさ-なる・え） 里	9画　体重・三重県・重なる	重重重重重重	重
住	ジュウ（す-む・す-まう） 亻	7画　住人・住所・住む	住住住住住住	住
集	シュウ（あつ-まる・あつ-める・つど-う） 隹	12画　集合・人が集まる	集集集集集集	集
習	シュウ（なら-う） 羽	11画　習字・習う・見習う	習習習習習習	習

筆順　1—　2—　3—　4—　5—　まちがえやすいところ…

読んでみましょう

きほん

① （　）宿題をすませる。

② （　）八重のさくら。

③ 人をきゅう（　）助する。

④ （　）文集を作る。

⑤ ピアノを（　）習う。

⑥ 自分の（　）住所を書く。

⑦ 消（　）ぼう車が走る。

⑧ 明かりを（　）消す。

⑨ 皿を（　）重ねる。

⑩ （　）暑中見まいを出す。

⑪ （　）昭和の時だい。

⑫ （　）宿屋にとまる。

⑬ 人が（　）集まる。

⑭ けが人を（　）助ける。

⑮ 町に（　）住む。

⑯ 漢字を（　）学習する。

⑰ （　）重い荷もつを持つ。

⑱ 家の（　）台所。

⑲ 夏は（　）暑い日がつづく。

⑳ （　）商店がいを歩く。

書いてみよう

きほん

月　日

10分

/100点　135点

① （しゅく）□ 題を とく。

② （かえ）□□ の メニュー。

③ （とも）□ 人を たいせつに する。

④ （ぜんいん）□□ で 作る。

⑤ （じ）□ ビンを とじなさい。

⑥ （こくご）□□ の 書。

⑦ （しょう）□ じ事が 来る。

⑧ （け）□ す 明かりを けす。

⑨ （かさ）□ 皿を ねる。

⑩ （しょうち）□□ しました。見つけます。

⑪ （しょう）□ 和の 時だい。

⑫ （かさ）□□ まります。

⑬ （あつ）□ 人が まる。

⑭ （た）□ す けが人を けが人を たすける。

⑮ （す）□ む 町に む。

⑯ （じょうず）□□ 漢字を すです。

⑰ （も）□ に 荷もつを 持つ。

⑱ （にっき）□□ 家の つける。

⑲ （あつ）□ い 夏は 日が つづく。

⑳ （じょうず）□□ が に 歩く。

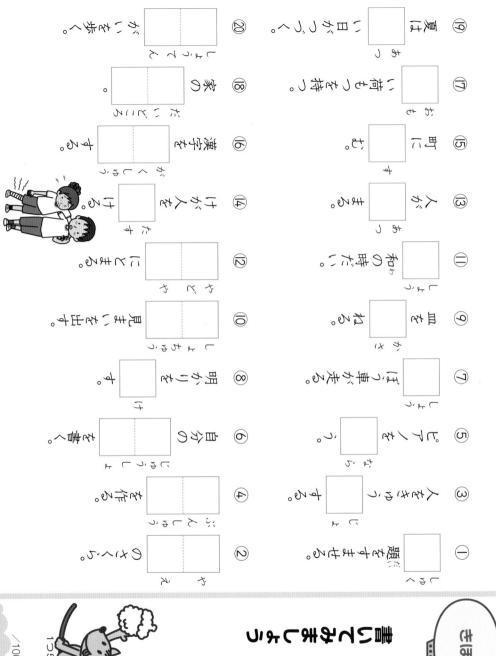

月　日

かくにんテスト 8

1 ——の漢字の読みがなを書きましょう。　1つ6〔24点〕

(1) （　　　）消しゴムを使う。

(2) （　　　）いのちが助かる。

(3) （　　　）いたみが消える。

(4) （　　　）野宿をする。

2 □にあてはまる漢字を書きましょう。　1つ7〔28点〕

(1) ごみを□める。（あつ）

(2) 新しい□まにうつる。（す）

(3) 用事が□なる。（かさ）

(4) 貴□な意見が出される。（ちょう）

3 いみを考えて、次の読み方の漢字を□に書きましょう。　1つ6〔48点〕

(1) シュウ
① 自□の時間。
② □合する。

(2) シュウ
① 体□計
② □たく地

(3) ショウ
① 和□天のう
② □売をする。

(4) ショウ
① 人が多い場□。
② □見まい

答えは78ページ

漢字3年—34

			世	進	深	真	神	身	申	植	乗	勝	章
読み方			よ・セイ・セ	すす-む・すす-める・シン	ふか-い・ふか-まる・ふか-める・シン	ま・シン	かみ・(かん)・こう・シン・(ジン)	み・シン	もう-す・(シン)	う-える・う-わる・ショク	の-る・の-せる・ジョウ	か-つ・(まさ-る)・ショウ	ショウ
画数・部首・筆順・言葉			5画 一	11画 辶	11画 氵	10画 目	9画 礻	7画 身	5画 田	12画 木	9画 丿	12画 力	11画 立

読んでみよう

（　　）
① チームがゆう勝する。

（　）
② 世の中の出来事。

（　）
③ にわに花を植える。

（　　）
④ バスに乗車する。

（　）
⑤ さんかを申しこむ。

（　）
⑥ 身長をはかる。

（　）
⑦ 二十一世紀になる。

（　　）
⑧ 日本の神話を聞く。

（　）
⑨ タクシーに乗る。

（　　　）
⑩ 記ねん写真をとる。

（　）
⑪ しあいに勝つ。

（　　）
⑫ 深海にすむ魚。

（　）
⑬ 植物を育てる。

（　）
⑭ みんなで行進する。

（　）
⑮ 真っ暗な夜道。

（　）
⑯ 身近にある本。

（　）
⑰ とても深い湖。

（　　）
⑱ 大きな神社。

（　）
⑲ ゆっくり前に進む。

（　　）
⑳ 文章を読む。

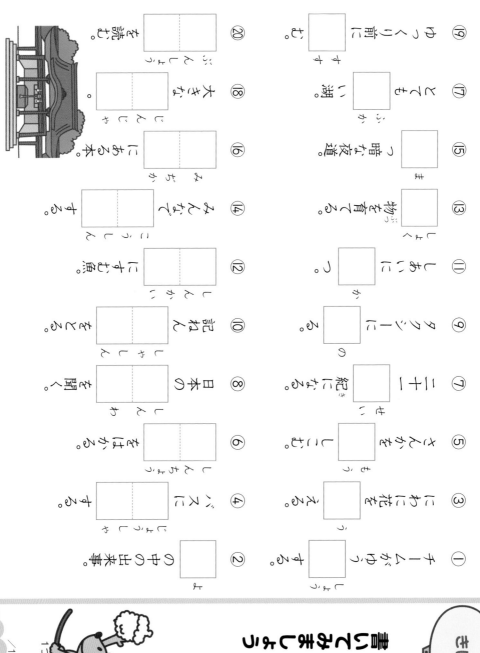

きほん

書いてみよう

月　日

⑲ ゆっくり前へ□む。

⑰ とても□い湖。

⑮ □暗な夜道。

⑬ □物を育てる。

⑪ □にする。

⑨ タクシーの□。

⑦ 二十□紀になる。

⑤ □にする。

③ □花を□る。

① テーブルを□む。

⑳ □□を読む。

⑱ □□な大きな木。

⑯ □にある本。

⑭ □□する。

⑫ □する漁。

⑩ 記号をつける。

⑧ 日本の□□を聞く。

⑥ □□はかる。

④ ニュースに□する。

② □の中の出来事。

はってん

しあげテスト ⑨

10分
/100点

1 ——の漢字の読みがなを書きましょう。　1つ6〔24点〕

(1) 神 さまを使う。　（　　　　）

(2) 神 さまをしんじる。　（　　　　）

(3) 身 の回りのこと。　（　　　　）

(4) 犬の 世話 をする。　（　　　　）

2 □にあてはまる漢字を書きましょう。　1つ7〔28点〕

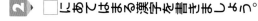

(1) 秋が □ まる。

(2) さくらの木を □ える。

(3) □ けんな顔つき。

(4) ものがたりの第一 □ 。

3 はんたいのいみのことばを、漢字を使って書きましょう。　1つ6〔24点〕

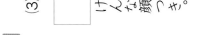

(1) まける　⇄　〔　　　〕

(2) おやこ　⇄　〔　　　〕

(3) （事から人を）おろす　⇄　〔（事に人を）のせる〕

(4) しりぞく　⇄　〔すすむ〕

4 次の二つの漢字を組み合わせてできる漢字を、□に書きましょう。　1つ8〔24点〕

(1) 立 + 早 → □

(2) 十 + 具 → □

(3) 木 + 直 → □

かんじ まちがえやすい漢字	対	打	他	族	速	息	想	送	相	全	昔	整
読み方	タイ・(ツイ)	ダ・うつ	タ・ほか	ゾク	ソク・はや(い)・はや(める)・すみ(やか)	ソク・いき	ソウ・(ソ)	ソウ・おく(る)	ソウ・ショウ・あい	ゼン・まった(く)・すべ(て)	セキ・(シャク)・むかし	セイ・ととの(える)・ととの(う)
画数	7画	5画	5画	11画	10画	10画	13画	9画	9画	6画	8画	16画
部首	寸	扌	イ	方	辶	心	心	辶	目	入	日	攵
言葉	反対・対立	打球・打ち上げる	他人・他のもの	家族・水族館	速度・速める・速く走る	休息・息切れ	感想・空想	放送・見送る	真相・相手	安全・全く・全て	大昔・昔話	調整・形を整える
練習												

読んでみましょう

① 友だちに 相 だんする。

② 本だなを 整理 する。

③ 番組を ほう 送 する。

④ 昔 話 を聞く。

⑤ せんそうに はん 対 する。

⑥ 全 員 で歌う。

⑦ ふくそうを 整 える。

⑧ 木かげで 休 息 する。

⑨ 全 く分からない。

⑩ 新しい 高 速 道ろ。

⑪ 手紙を 送 る。

⑫ 家 族 で出かける。

⑬ ため 息 をつく。

⑭ 自分と 他 人。

⑮ 全 ての力を出す。

⑯ 野球の 打 者。

⑰ ながれの 速 い川。

⑱ しあいの 相 手。

⑲ バットでボールを 打 つ。

⑳ 感 想 文 を書く。

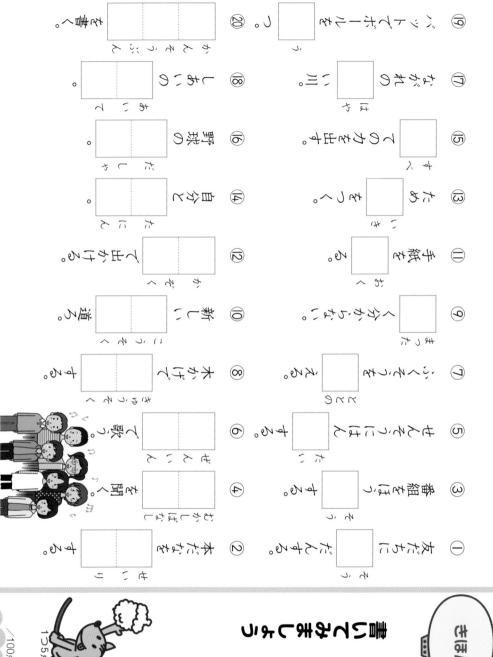

きほん

書きつめテスト

月　　日

10分

/100点

135点

① 友だちに〔　　〕をつたえる。

③ 番組を〔　　〕そうする。

⑤ せんたくを〔　　〕ぶんにする。

⑦ 〔　　〕のつくえ。

⑨ 〔　　〕からこなくなった。

⑪ 手紙を〔　　〕る。

⑬ 〔　　〕をくめる。

⑮ 〔　　〕めてのカをだす。

⑰ ながれの〔　　〕い川。

⑲ トランペットを〔　　〕く。

② 木だなを〔　　〕する。

④ 〔　　〕を聞く歌。

⑥ 〔　　〕で歌う。

⑧ 木かげで〔　　〕する。

⑩ 新しい〔　　〕い道ろ。

⑫ 〔　　〕で出かける。

⑭ 自分と〔　　〕にする。

⑯ 野球の〔　　〕。

⑱ しおいこ〔　　〕て。

⑳ 〔　　　　　　〕を書く。

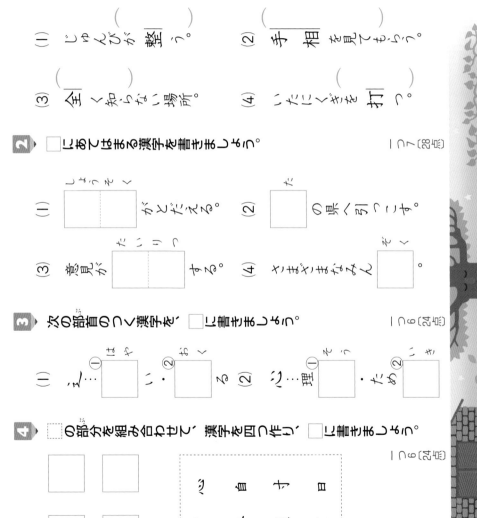

やってまとめ 10

10分
／100点

月　日

1 ——の漢字の読みがなを書きましょう。　1つ6〔24点〕

(1) じゅんびが整う。（　　　）

(2) 手相を見てもらう。（　　　）

(3) 全く知らない場所。（　　　）

(4) くだくぎを打つ。（　　　）

2 □にあてはまる漢字を書きましょう。　1つ7〔28点〕

(1) 〔しょうぞく〕 □□ がとだえる。

(2) 〔た〕 □ の県へ引っこす。

(3) 意見が 〔たいりつ〕 □□ する。

(4) キリがふかみ〔ぞ〕 □ 。

3 次の部首のつく漢字を、□に書きましょう。　1つ6〔24点〕

(1) 讠…① 〔はなす〕 □ こと。・② 〔おくる〕 □ る。

(2) 氵…理 ① 〔そう〕 □ ・② 〔ため〕 □ さ。

4 ┈の部分を組み合わせて、漢字を四つ作り、□に書きましょう。　1つ6〔24点〕

□　□

□　□

心　自　寸　日

カ　共　矢　文

答えは 78 ページ

漢字	読み方	画数・筆順・部首	使い言葉
帳	チョウ	11画　帳帳帳帳帳	通帳（つうちょう）・手帳（てちょう）
丁	チョウ・（テイ）	2画　丁丁	一丁（いっちょう）・横丁（よこちょう）
柱	チュウ／はしら	9画　柱柱柱柱柱	電柱（でんちゅう）・柱時計（はしらどけい）
注	チュウ／そそ（ぐ）	8画　注注注注	注目（ちゅうもく）・水を注ぐ（みずをそそぐ）
着	チャク・（ジャク）／き（る）・き（せる）・つ（く）・つ（ける）	12画　着着着着着	着地（ちゃくち）・着物（きもの）
談	ダン	15画　談談談談談	相談（そうだん）・対談（たいだん）
短	タン／みじか（い）	12画　短短短短短	短所（たんしょ）・短い言葉（みじかいことば）
炭	タン／すみ	9画　炭炭炭炭炭	石炭（せきたん）・炭火（すみび）
題	ダイ	18画　題題題題題	宿題（しゅくだい）・問題（もんだい）
第	ダイ	11画　第第第第第	第三者（だいさんしゃ）・落第（らくだい）
代	ダイ・タイ／か（わる）・か（える）・よ・しろ	5画　代代代代代	時代（じだい）・代表（だいひょう）・代わる（かわる）
待	タイ／ま（つ）	9画　待待待待待	待合せ（まちあわせ）・期待（きたい）

漢字　読み方　画数・筆順・部首　使い言葉　練習

読んでみましょう

きほん

月　日

1つ5点

10分

／100点

① 代（　　　　　）ひょうをえらぶ。

② 期待（　　　　　）どおりになる。

③ 柱（　　　　　）にもたれかかる。

④ 本の題名（　　　　　）。

⑤ せん手の交代（　　　　　）。

⑥ 石炭（　　　　　）を使う。

⑦ バスが来るのを待（　　　　　）つ。

⑧ 一着（　　　　　）でゴールする。

⑨ 短（　　　　　）いかみ形にする。

⑩ 二丁目（　　　　　）三番地

⑪ 足元に注意（　　　　　）する。

⑫ 炭火（　　　　　）で肉をやく。

⑬ ふくを着（　　　　　）る。

⑭ 自分の短所（　　　　　）を直す。

⑮ コップに水を注（　　　　　）ぐ。

⑯ 電柱（　　　　　）を立てる。

⑰ 手帳（　　　　　）に書く。

⑱ 親に相談（　　　　　）する。

⑲ 当番を代（　　　　　）わる。

⑳ 第四回（　　　　　）の大会。

43—漢字3年

き本ん

書きじゅんまとめに

月　　日

/100点　125点　⏱10分

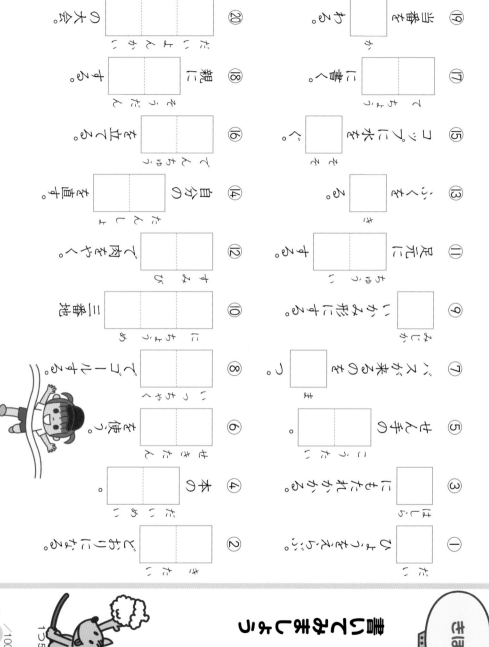

① だい…かんによろこぶ。

② □ き…だいおうになる。

③ は□ じよう…

④ 本の □□ い・み

⑤ せ□ に □ もたれかかる。

⑥ □□ き・た・ん を使う。

⑦ バスが来るのを □ き つ。

⑧ □ う コーナーで使う。 レールですべる。

⑨ □ み みかけ…形にする。

⑩ 三番 □□ ち・ょ・う・め 地

⑪ 足元に □□ ちゅう・い する。

⑫ □□ す・み・び で肉をやく。

⑬ □ き をへる。

⑭ 自分の □□ た・ん・し・ょ を直す。

⑮ コップに水を □ そ ぐ。

⑯ □□ で・ん・ち を立てる。

⑰ □□ て・ちょう に書く。

⑱ 親に □□ そう・だん する。

⑲ 当番を □□ か わる。

⑳ □□□ だ・い・か・ん・に・よ の大会。

はってん

11 しあげのまとめ②

10分 ／100点

月　日

1 ——の漢字の読みがなを書きましょう。　一つ6〔24点〕

(1) バターを代わる。（　　　）

(2) 千代紙をおる。（　　　）

(3) シャツを着せる。（　　　）

(4) 電車が駅に着く。（　　　）

2 □にあてはまる漢字を書きましょう。　一つ7〔28点〕

(1) ほう〔ちょう〕を使う。

(2) 〔たいだん〕を行う。

(3) 〔みじか〕い文章。

(4) 地図〔ちょう〕を開く。

3 形に気をつけて□に漢字を書きましょう。　一つ6〔48点〕

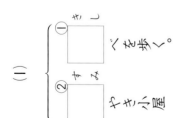

(1)
① 〔さか〕道を歩く。
② 〔うま〕小屋

(2)
① りょう理を①〔ちゅう〕文する。
② 円②〔ちゅう〕形のたてもの。

(3)
① せきにんを①〔も〕う。
② 三十分ほど②〔ま〕つ。

(4)
① しけんに落①〔だい〕する。
② なかのよい兄②〔だい〕。

答えは78ページ

漢字	読み方	画数・部首・筆順・言葉	練習
島	トウ／しま	10画　山　島国・列島	
豆	トウ・ズ／まめ	7画　豆　大豆・豆まき	
投	トウ／なげる	7画　扌　投手・投げ出す	
度	ド・ト・（タク）／たび	9画　广　温度・今度	
都	ト・ツ／みやこ	11画　阝　都会・水の都	
転	テン／ころがす・ころがる・ころぶ・ころげる	11画　車　運転・回転・球が転がる	
鉄	テツ	13画　金　鉄人・地下鉄・鉄道	
笛	テキ／ふえ	11画　𥫗　汽笛・口笛・笛をふく	
庭	テイ／にわ	10画　广　家庭・庭木	
定	テイ・ジョウ／さだめる・さだまる・（さだか）	8画　宀　安定・定日・予定・決める	
追	ツイ／おう	9画　辶　追放・追い付ける	
調	チョウ／しらべる・ととのえる・（ととのう）	15画　言　調和・調子・本を調べる	

読んでおぼえよう

① 注文を追加する。

② 豆まきをする。

③ 国語じてんで調べる。

④ 校庭に集まる。

⑤ 鉄ぼうにぶら下がる。

⑥ 船が汽笛を鳴らす。

⑦ きそくを定める。

⑧ 京都の古い寺。

⑨ ボールを投げる。

⑩ 今度の日曜日。

⑪ はんにんを追う。

⑫ 南の島へ行く。

⑬ 豆腐を食べる。

⑭ 体の調子がいい。

⑮ ボールが転がる。

⑯ 都合よく雨がやむ。

⑰ 庭に花だんをつくる。

⑱ 野球の投手。

⑲ じょうずに笛をふく。

⑳ 自転車に乗る。

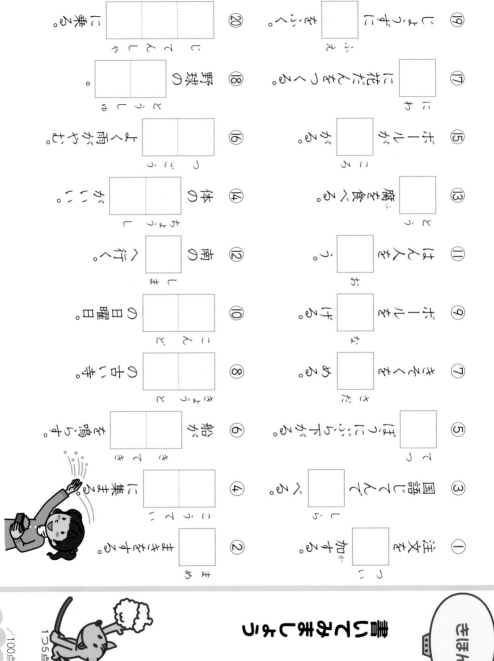

きほん

書いてみよう

月　日

10分

125点

／100点

① 注文を □ する。（くわ）

③ 国語じてんで □ べる。（し）

⑤ □ にしたがう。（ほう）

⑦ きせつが □ わる。（か）

⑨ ボールを □ げる。（な）

⑪ はんを □ う。（お）

⑬ にくを □ べる。（い）　食

⑮ ボールが □ る。（に）

⑰ 花だんに □ をうえる。（わ）

⑲ □ にすむ。（しょ）

② □ まります。（あ）

④ □ に集まる。（いり口）

⑥ 船が □ 。（きてき）

⑧ □ のお寺。（しょうこう）

⑩ □ の日曜日。（こんしゅう）

⑫ 南の □ へ行く。（しま）

⑭ 体の □ が。（ちょうし）

⑯ よく □ る雨がふる。（ふりしきる）

⑱ 野球の □ 。（せんしゅ）

⑳ □ に集る。（しゅうごう）

1 ──の漢字の読みがなを書きましょう。　1つ6〔24点〕

(1) きりの都ロンドン。（　　　　）

(2) 大豆を食べる。（　　　　）

(3) つまずいて転ぶ。（　　　　）

(4) 海につき出た半島。（　　　　）

2 □にあてはまる漢字を書きましょう。　1つ7〔28点〕

(1) 会合の日が〔さだ〕□まる。

(2) 三角〔じょう〕□規を使う。

(3) 船の〔こうてい〕□□。

(4) 新しい〔せいど〕□□。

3 次の画数の漢字を □からえらび、□に書きましょう。　1つ6〔48点〕

(1) 7画　□　□

(2) 9画　□　□

(3) 10画　□　□

(4) 11画　□　□

追　庭
転　都
度　豆
投　島

	発	畑	箱	倍	配	波	農	重	動	等	登	湯
読み方	ハツ・(ホツ)	はた・はたけ	はこ	バイ	ハイ／くばる	ハ／なみ	ノウ	ジュウ・チョウ／え・おもい・かさ(ねる)	ドウ／うごく・うごかす	トウ／ひとしい	トウ・ト／のぼる	トウ／ゆ
画数	9画	9画	15画	10画	10画	8画	13画	12画	11画	12画	12画	12画
部首	癶	田	⺮	イ	酉	シ	辰	里	力	⺮	癶	シ
筆順・言葉	発見・出発・発車	畑作・花畑・畑仕事	箱庭・本箱・薬箱	倍・何倍・一倍	手配・気配り・心配	波・大波・波長・電波	農家・農場・農作物	重い・重大・童話・体重	動き・行動・運動・身動き	等しい・平等・上等・高等	登場・登校・登山・山登り	湯・温泉・熱湯・湯気
練習												

読んでみましょう

① ふろの 湯 を わかす。

② 朝 入 時 に 登 校 する。

③ めずらしい 動 物。

④ 一 等 の しょうひん。

⑤ はまに 波 が 打ちよせる。

⑥ 童 話 を読む。

⑦ 元 の 倍 の大きさ。

⑧ 村の 農 家 の数。

⑨ おかしの 箱。

⑩ 母を 心 配 する。

⑪ 山に 登 る。

⑫ 化 石 を 発 見 する。

⑬ 新聞を 配 る。

⑭ 畑 作 を行う。

⑮ ねつ 湯 を使う。

⑯ 登 山 ぐつを買う。

⑰ 長さが 等 しいえんぴつ。

⑱ テレビの 電 波。

⑲ ゆっくり車が 動 く。

⑳ 畑 仕 事 をする。

書いてまとめ①

月　日

10分

15分 /100点

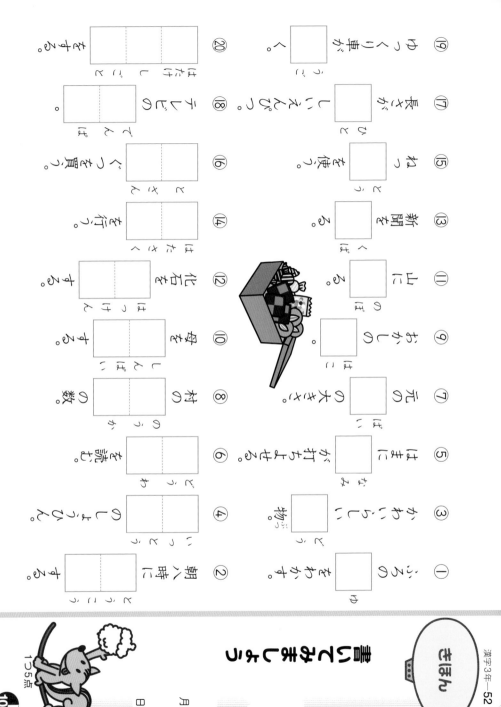

① □のゆ

③ □を…をわかす。

⑤ □に…はまる。

⑦ 元の□に…。

⑨ おかしの□に…大すき。

⑪ 山に□の…る。

⑬ 新聞を□る。

⑮ □を使う。

⑰ 長さが□にそろえる。

⑲ ゆうべ事が□へ。

② 朝□時に…する。

④ □の…をよむ。

⑥ □を読む。

⑧ 村の□数。

⑩ 母を□する。

⑫ 化□を…する。

⑭ □を行う。

⑯ □べ物を買う。

⑱ テレビの□。

⑳ □をする。

月　日

やってみよう 13

⏱10分

／100点

1 ──の漢字の読みがなを書きましょう。　一つ6〔24点〕

(1) （　　　）麦畑が広がる。

(2) （　　　）入学しけんの倍り。

(3) （　　　）きかいを動かす。

(4) （　　　）秋の気配を感じる。

2 □にあてはまる漢字を書きましょう。　一つ7〔28点〕

(1) せん　□　で温まる。

(2) じゅうど　□□　なしなもの。

(3) 音　□は　がつたわる。

(4) のうぎょう　□□　をこえなむ。

3 次の部首のつく漢字を、□に書きましょう。　一つ6〔48点〕

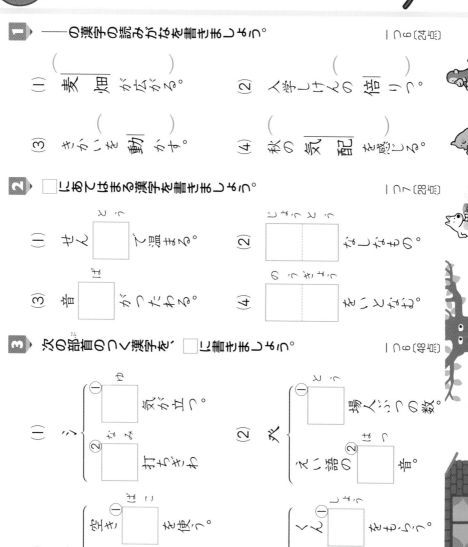

(1) ⺡
　① ゆ　□　気が立つ。
　② なみ　□　打ちぎわ。

(2) 穴
　① と　□　場人ぶつの数。
　② はつ　□　えに語の□音。

(3) ⺾
　① はこ　□　空き□を使う。
　② ひと　□　□しく分ける。

(4) 立
　① しょう　□　□をもらう。
　② どう　□　□ようを歌う。

答えは78ページ

漢字	読み方	画数・部首・筆順・言葉	練習
病	ビョウ・(ヘイ)・や(む)・や(まい)	10画　疒　病・病・病・病・病　病人・重病・病気・病む	
秒	ビョウ	9画　禾　秒・秒・秒・秒　一秒・秒読み	
表	ヒョウ・おもて・あらわ(す)・あらわ(れる)	8画　衣　表・表・表・表・表　表紙・発表する・表す	
氷	ヒョウ・こおり・(ひ)	5画　水　氷・氷・氷・氷・氷　氷水・流氷・氷	
筆	ヒツ・ふで	12画　⺮　筆・筆・筆・筆・筆　筆者・絵筆・筆箱	
鼻	ビ・はな	14画　鼻　鼻・鼻・鼻・鼻・鼻　鼻歌・鼻息・鼻	
美	ビ・うつく(しい)	9画　羊　美・美・美・美・美　美人・美しい花	
悲	ヒ・かな(しい)・かな(しむ)	12画　心　悲・悲・悲・悲・悲　悲鳴・悲しい話	
皮	ヒ・かわ	5画　皮　皮・皮・皮・皮・皮　毛皮・表皮・皮	
板	ハン・バン・いた	8画　木　板・板・板・板・板　黒板・看板・まな板	
坂	ハン・さか	7画　土　坂・坂・坂・坂・坂　下り坂・坂道	
反	ハン・(ホン)・(タン)・そ(る)・そ(らす)	4画　又　反・反・反・反　反発する・板が反る	

読んでみましょう

① 美（　　）じゅつ館に行く。

② 左右を反対（　　　）にする。

③ 考えをことばで表（　　）す。

④ 坂道（　　　）を下る。

⑤ 体が後ろに反（　　）る。

⑥ 鉄板（　　　）の上でやく。

⑦ えん筆（　　）で書く。

⑧ 本の表紙（　　　）をめくる。

⑨ 池に氷（　　）がはる。

⑩ 鼻血（　　　）が出る。

⑪ 悲（　　）しい出来事。

⑫ 大きな氷山（　　　）。

⑬ 表（　　）に出てあそぶ。

⑭ 自分の筆箱（　　　）。

⑮ 重い病（　　）にかかる。

⑯ 十秒（　　）たつまで待つ。

⑰ 美（　　）しいけしきを見る。

⑱ 病気（　　　）がなおる。

⑲ りんごの皮（　　）をむく。

⑳ 黒板（　　　）の字を写す。

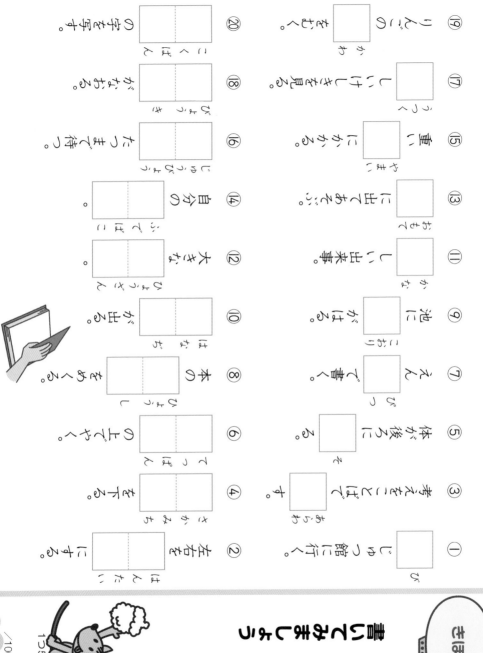

きほん

書いてみよう

月　日

/100点
135点
10分

① □□に行く。
（と・しょ）

② 左右を□□にする。
（は・ん・た・い）

③ 考えを□□する。
（お・おや・け）

④ □□を下る。
（さ・か・みち）

⑤ 体が□に（もと）にかえる。
（て）

⑥ □□の上を行く。
（て・ほ・ん）

⑦ □□で書く。
（えん・ぴ・つ）

⑧ 本の□□をくらべる。
（び・じゅ・し）

⑨ 池に□□がはいる。
（こ・い）

⑩ □□が出る。
（は・な・だ）

⑪ □□で出来た事。
（か・な）

⑫ 大きな□□。
（お・おや・けん）

⑬ □□に出てあそぶ。
（おも）

⑭ 自分の□□。
（ぶ・て・い）

⑮ 重い□□にかかる。
（き・も）

⑯ □□して待つ。
（じゅ・ん・び）

⑰ □□でこまつ見つける。
（へ・ん）

⑱ □□がなおる。
（び・じゃ・く）

⑲ りんごの□をむく。
（か・わ）

⑳ □□の文字を書く。
（に・へ・ん）

10分
／100点

1 ──の漢字の読みがなを書きましょう。 1つ6〔24点〕

(1) 急病でねこむ。（　　　　）

(2) 筆記用具を用意する。（　　　　）

(3) 鼻歌を歌う。（　　　　）

(4) 秒速十メートルの風。（　　　　）

2 □にあてはまる漢字を書きましょう。 1つ7〔28点〕

(1) みかんの□（かわ）。

(2) □（ひ）ふが赤くなる。

(3) □□（ひあい）を上げる。

(4) □□□（ひょうてんか）の気温。

3 形に気をつけて、□に漢字を書きましょう。 1つ6〔24点〕

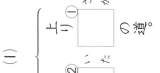

(1) ①上り□（ざか）の道。
②まな□（いた）を使う。

(2) ①おこ□（す）。
②におり□（かおり）がとける。

4 漢字と送りがなで書きましょう。 1つ6〔24点〕

(1) うつくしい〔　　　　〕花。

(2) むねを〔　　　　〕そらす。

(3) かなしい〔　　　　〕話。

(4) た〔　　　　〕び度に あらわれる。

答えは**79**ページ

まちがえやすい漢字……

漢字	読み方	画数・部首・筆順・言葉	練習

筆順　1—　2—　3—　4—　5—　まちがえやすいところ……

命　（ミョウ）メイ・いのち　8画　口
いのち・命令・運命・大切な命

味　ミ・あじ・あじわう　8画　口
あじ・地味・味方・味つけ

放　ホウ・はなす・はなつ・はなれる　8画　攵
ほうそう・放送・放流・手を放す

勉　ベン　10画　力
べんきょう・勉学・勉強

返　ヘン・かえす・かえる　7画　辶
へんじ・返事・返す・聞き返す

平　ヘイ・ビョウ・たいら・ひら　5画　干
へいき・平気・平泳ぎ・平ら

物　ブツ・モツ・もの　8画　牛
どうぶつ・動物・物・物語

福　フク　13画　礻
しあわせ・幸福・祈福・福引き

服　フク　8画　月
せいふく・制服・用服・洋服

部　ブ　11画　阝
ぜんぶ・全部・部員・部屋

員　イン　9画　貝
かいいん・会員・部員・員数

品　ヒン・しな　9画　口
しょうひん・商品・品物

きほん

読んでみましょう

月　　日

10分

1つ5点

／100点

① （　　　）平らな土地。

② （　　　）作品をてんじする。

③ 一生けん（　　）命（　　）はたらく。

④ （　　　）勝負が決まる。

⑤ （　　　）服を着がえる。

⑥ （　　　）幸福な時をすごす。

⑦ （　　　）品物が売り切れる。

⑧ 野生の（　　　）動物。

⑨ （　　　）平がなで書く。

⑩ （　　　）水平線のかなた。

⑪ かけがえのない（　　　）命。

⑫ 元気に（　　　）返事をする。

⑬ （　　　）りょう理の味つけ。

⑭ 家で（　　　）勉強をする。

⑮ （　　　）作物がよくとれる。

⑯ 校内（　　　）放送を聞く。

⑰ 犬を庭に（　　　）放す。

⑱ ことばの（　　　）意味。

⑲ かりた本を（　　　）返す。

⑳ 体の（　　　）一部分。

59─漢字3年

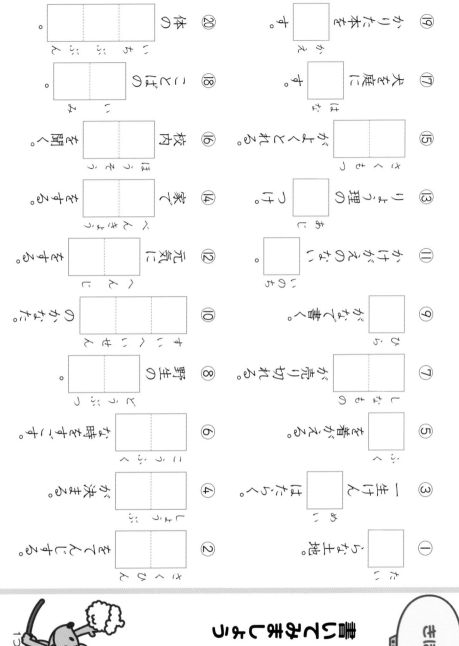

きほん

書いておぼえよう

月　　日

/100点

１もん５点

10分

① □らかい土地。（やわ）

② □なをさす。（ばんごう）

③ 一生けんめい□める。（め）

④ □が決まる。（じゅんじょ）

⑤ □を着がえる。（ふく）

⑥ □な時なのです。（たいせつ）

⑦ □しものが売り切れる。（しな）

⑧ 野生の□。（どうぶつ）

⑨ □がなで書く。（ひら）

⑩ □□□のかた。（せいこうしゃ）

⑪ □けがえのない□。（いのち）

⑫ 元気に□をする。（へんじ）

⑬ りょうりの□。（あじ）

⑭ 家で□をする。（しょくじ）

⑮ □りがよくとける。（でんぱ）

⑯ 校内□を聞く。（ほうそう）

⑰ 犬を庭に□す。（はな）

⑱ □ばの□み。（みなと）

⑲ □がった木を□す。（かえ）

⑳ 体の□。（ちょうし）

月　　日

/100点

やってみよう 15

1 ――の漢字の読みがなを書きましょう。　1つ6〔24点〕

(1) まとに矢を<u>放</u>つ。（　　　）

(2) りょう理を<u>味</u>わう。（　　　）

(3) <u>平等</u>に分ける。（　　　）

(4) 花びんがひっくり<u>返</u>る。（　　　）

2 □にあてはまる漢字を書きましょう。　1つ7〔28点〕

(1) ［けんがく］□□にはげむ。

(2) 足にけがを□（お）う。

(3) 相手に□（ま）ける。

(4) ［こじな］□□を見る。

3 意味を考えて、次の読み方の漢字を□に書きましょう。　1つ6〔24点〕

(1) ア｛ 外出用の①□。
　　　しゅく②□する。

(2) ア｛ 祖①□母の家。
　　　し②□ようする。

4 8画の漢字を⌐から四つえらび、□に書きましょう。　1つ6〔24点〕

□　□　□　□

［部　物　返　放　味　命］

答えは79ページ

まちがえやすいところ……

漢字	読み方	画数	部首	筆順	言葉	練習
葉	ハ ヨウ	12画	＋	葉	木の葉・落ち葉・言葉	
洋	ヨウ	9画	氵	洋	西洋・大洋・洋食	
羊	ヒツジ ヨウ	6画	羊	羊	羊毛・子羊	
子	ス シ こ	4画	子	子	親子・子想・子習	
遊	あそ（ぶ） ユウ （ユ）	12画	辶	遊	遊ぶ・遊具・水遊び	
有	あ（る） ユウ （ウ）	6画	月	有	有名・所有・有り合わせ	
油	あぶら ユ	8画	氵	油	石油・油絵	
由	ユ ユウ ユイ （よし）	5画	田	由	理由・由来・自由	
薬	くすり ヤク	16画	＋	薬	薬草・薬を飲む	
役	ヤク エキ （キ）	7画	彳	役	役者・主役・役者	
問	と（い） と（う） モン	11画	口	問	学問・問い合わせ	
面	おも おもて メン （つら）	9画	面	面	表面・面会・仮面	

筆順 1— 2— 3— 4— 5—

まちがえやすい漢字

きほん

読んでみましょう

1つ5点　10分　／100点

① （　）薬を飲む。

② 感動した（　）場面。

③ せきにんを（　）問う。

④ 計算（　）問題をとく。

⑤ 油（　）絵をかく。

⑥ 生活に（　）役立つ物。

⑦ 新しい（　）洋服を着る。

⑧ （　）薬草をとる。

⑨ らく（　）葉する木。

⑩ 県名の（　）由来。

⑪ （　）羊の放ぼく。

⑫ （　）石油ストーブ。

⑬ 木の（　）葉が色づく。

⑭ （　）有名な歌手。

⑮ 友だちと（　）遊ぶ。

⑯ 今週の（　）予定。

⑰ （　）自由に考えをのべる。

⑱ （　）羊毛のセーター。

⑲ （　）有り金がなくなる。

⑳ （　）遊園地に行く。

書いてみよう

きほん

月　日

10分　／100点　1つ5点

①（ちゃ）□を飲む。

③（と）□□に□む。

⑤（あぶらえ）□□□をかく。

⑦（ようふく）新しい□□。

⑨（　）□□する木。

⑪（　）□□の木。

⑬（は）木の□が色づく。

⑮（あそ）友だちと□ぶ。

⑰（しつもん）□□に答える。

⑲（おかね）□□がなくなる。

②（ばめん）感動した□□。

④（もんだい）計算□□。

⑥（やくだ）生活に□□つ物。

⑧（　）□□□る。

⑩（ゆらい）県名の□□。

⑫（　）□□スタート。

⑭（ゆうめい）□□な歌手。

⑯（よてい）今週の□□。

⑱（ようもう）□□のセーター。

⑳（ゆうえんち）□□□に行く。

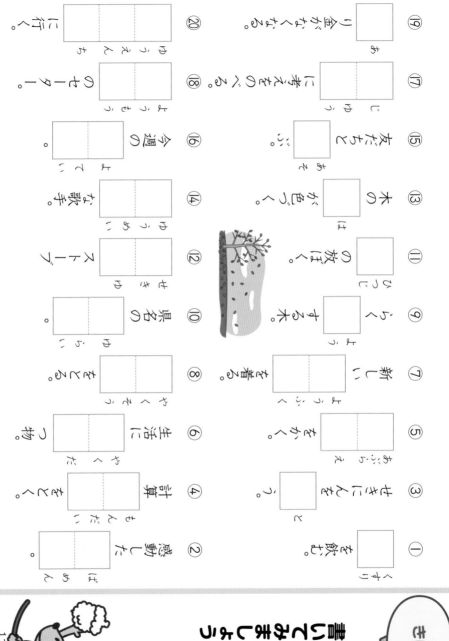

はってん

まとめテスト 16

月　　日

10分

/100点

1 ──の漢字の読みがなを書きましょう。 1つ6〔24点〕

(1) た(　)物の　正面(　)。

(2) じゅ業の　予習(　)をする。

(3) ぼく羊(　)をこくなむ。

(4) 遊泳(　)きん止の海こす。

2 □にあてはまる漢字を書きましょう。 1つ7〔28点〕

(1) [　]と　に答える。

(2) [　]ゆう　り道ろ。

(3) [　　]ようしょく　のメニュー。

(4) サラダ　[　]あぶら　を使う。

3 形に気をつけて、□に漢字を書きましょう。 1つ6〔48点〕

(1) 服の① [　]てん　屋。
短い時② [　]かん　。

(2) 全力① [　]とう　球する。
市② [　]やく　所に行く。

(3) 理① [　]ゆう　をのべる。
② [　]もう　し上げる。

(4) お① [　]ば　を拾う。
② [　]くすり　屋に行く。

65—漢字3年

答えは79ページ

漢字	陽	様	落	流	旅	両	緑	礼	列	練	路	和
読み方	ヨウ	ヨウ (さま)	ラク おちる・おとす	リュウ・ル ながれる・ながす	リョ たび	リョウ	リョク・ロク (みどり)	レイ・ライ (ラ)	レツ	レン ねる	ロ (じ)	ワ・オ (やわらぐ・やわらげる)(なごむ・なごやか)
画数	12画	14画	12画	10画	10画	6画	14画	5画	6画	14画	13画	8画
部首	阝	木	艹	氵	方	一	糸	礻	刂	糸	足	口

（筆順・言葉の欄）

陽：太陽、陽気
様：様子、神様、王様、様様
落：落語、落第、落下、落葉
流：流、合流、流星、電流
旅：旅、旅先、旅行、旅人
両：両手、車両、両足
緑：緑、緑色、新緑
礼：礼、朝礼、お礼
列：列、整列、列車
練：練習、練る
路：路、通路、旅路、線路
和：平和、和室、和音

月　　　日

1つ5点

/100点

読んでみましょう

① お礼（　　）の言葉をのべる。

② 太陽（　　）がかがやく。

③ 海外へ旅立（　　）つ。

④ 病人の様子（　　）を見る。

⑤ 計画を練（　　）る。

⑥ 落語（　　）を聞く。

⑦ 神様（　　）にいのる。

⑧ 川の下流（　　）にある橋。

⑨ 小川が流（　　）れる。

⑩ 旅行（　　）に出かける。

⑪ 家路（　　）につく。

⑫ 両手（　　）に荷物を持つ。

⑬ 和服（　　）を着る。

⑭ 新緑（　　）のきせつ。

⑮ 緑色（　　）のかん板。

⑯ 広い道路（　　）に出る。

⑰ 山に日が落（　　）ちる。

⑱ 横一列（　　）。

⑲ ふろであせを流（　　）す。

⑳ サッカーの練習（　　）。

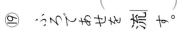

書いてみよう

きほん

月　　日

10分
ごうかく 155点
／100点

① お[い]□ の言葉をつかう。

② □□[ただがよ]へ行く。

③ 海外へ[たびだ]つ。

④ 病人の[ようす]を見る。

⑤ 計画を[ねる]。

⑥ □[い]を聞く。

⑦ □[かん]につかまる。

⑧ 川の□[かり]にある橋。

⑨ 小川が[なが]れる。

⑩ □□[りょこう]に出かける。

⑪ □□[こうえん]へ行く。

⑫ □□[りょうて]に荷物を持つ。

⑬ □□[わふく]を着る。

⑭ □□[してんちょう]のせつ。

⑮ □□[こうこう]のこくばん。

⑯ 広□[にわ]に出る。

⑰ 山に日が[お]ちる。

⑱ 横□□[いちれつ]。

⑲ すべておさ[なが]る。

⑳ サッカーの□□[しゅしょう]。

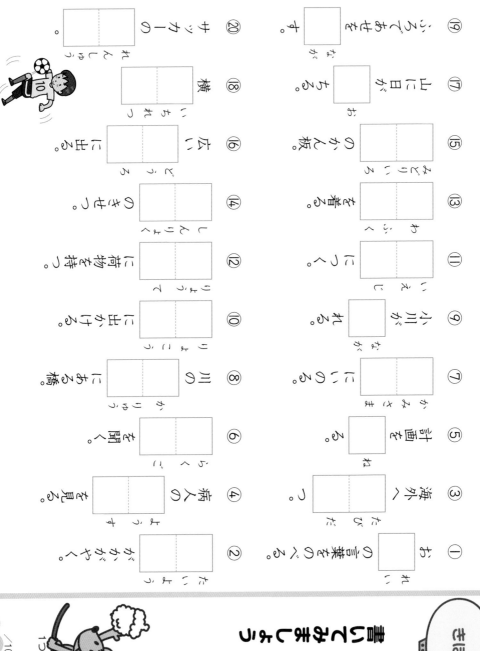

月　　日

しあげのテスト 17

10分

/100点

1 ──の漢字の読みがなを書きましょう。 1つ6〔24点〕

(1) 緑茶 (　　　　) を飲む。

(2) ハンカチを落 (　　) とす。

(3) 両親 (　　) は元気だ。

(4) こなと水をまぜて練 (　) る。

2 □にあてはまる漢字を書きましょう。 1つ7〔28点〕

(1) りょかん □□ にとまる。

(2) キャッチボール お□□□□ をおかえる。

(3) へいわ □□ をねがう。

(4) こうがいろ □□□□ を歩く。

3 ①と②の □ の部分を一つずつ組み合わせて漢字を八つ作り、□に書きましょう。 1つ6〔48点〕

①	
各	リ
木	易
ミ	水
禾	し

②	
ヨ	ネ
ロ	カ
ト	表
夕	流

答えは79ページ

三年生のまとめ ①
書いてみよう

はってん

漢字3年−70

/100点

135点

10分

月　日

・～～は、漢字とひらがなで書きましょう。

① わるもの の

③ あんぜんな道をわたる。

⑤ おんどくをする。

⑦ 内科の

⑨ 図書

⑪ 頭上に

⑬ 古い

⑮

⑰ けがは

⑲ 体を

② ちめいを おぼえる。

④ ちゅうい する。

⑥ 事がおこる。

⑧ 水の

⑩ 町の

⑫

⑭ 一面の

⑯

⑱ けにはこ

⑳ ゆめを

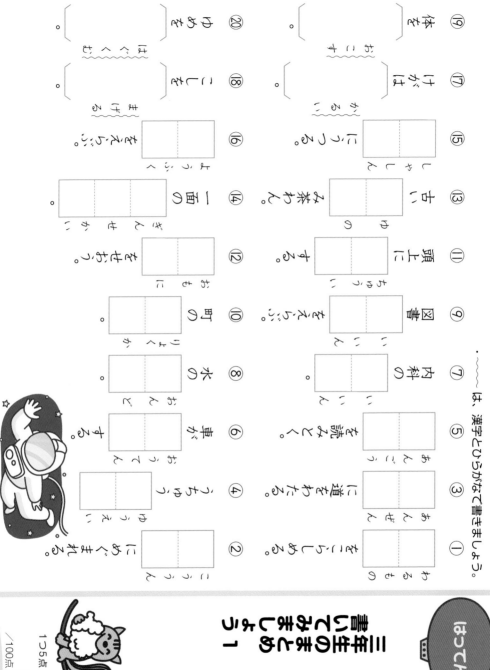

月　日

三年生のまとめ
書いてみましょう2

1つ5点　/100点　10分

・～～は、漢字とひらがなで書きましょう。

① な み
　□□がおだやかだ。

② きゅうびょう
　□□でねつが出る。

③ かん し
　□□を読む。

④ きゅうこん
　□□を植える。

⑤ 国王が□□□する。（し□ょ）

⑥ □□する。（き だ い）

⑦ テストを□□する。（かい し）

⑧ 本を読んだ□□□。（かんそう）

⑨ 上流□□の人。（かいきゅう）

⑩ 電車の□□□。（じょうきゃく）

⑪ 公園の□□。（ちゅうおう）

⑫ 小さな□。（み）

⑬ □□に船を着ける。（こ がん）

⑭ □□のホーム。（えき）

⑮ □□□をつづける。（けんきゅう）

⑯ 古い□□□。（りょかん）

⑰ 日本□□。（れっとう）

⑱ なくを〔　　　〕。（こ ろ う める）

⑲ 名前を〔　　　〕。（もとめる）

⑳ かきが〔　　　〕。（みのる）

答えは79ページ

はってん

三年生のまとめ ③ 書いてみよう

月　日

10分　/100点　1つ5点

・～～は、漢字とひらがなで書きましょう。

① [　　]の店買
② [　　]の入口
③ [　　]をまわす
④ [　　]の日
⑤ ガスの[　　]
⑥ [　　]をなおす
⑦ [　　]を鳴らす
⑧ 家の近くの[　　]
⑨ 船が[　　]を出る
⑩ [　　]そしつ
⑪ コの川の[　　]
⑫ [　　]の人に聞く
⑬ [　　]のきせつ
⑭ 遊びを楽しむ
⑮ [　　]がはなをとめる
⑯ [　　]がとおる
⑰ 公園に[　　]
⑱ 高校に[　　]
⑲ きまる[　　]
⑳ ボールを[　　]

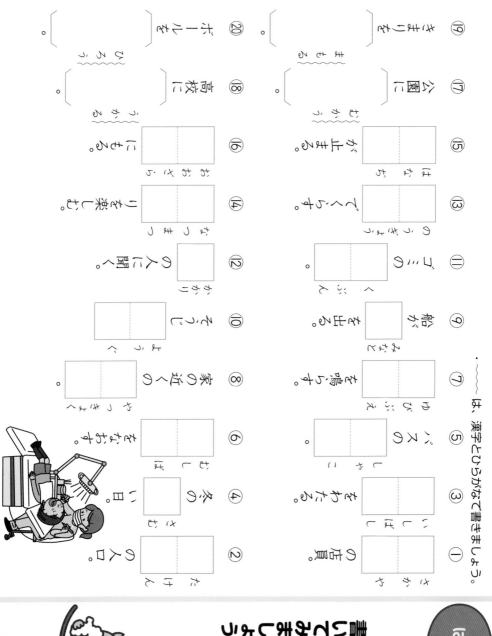

三年生のまとめ 書いてみましょう 4

月　日

・～～～は、漢字とひらがなで書きましょう。

① 〔もくじ〕を見る。

② 〔しょうひん〕を買う。

③ 〔ほんしゅう〕の大きさ。

④ 〔ぶんしょう〕を書く。

⑤ けっこん〔しき〕

⑥ すもう〔しょうぶ〕する。

⑦ 〔じゅうしょ〕を書く。

⑧ うれしい〔きもち〕。

⑨ 本を〔と〕り出す。

⑩ 漢字〔れんしゅうちょう〕

⑪ 長さを〔ちょうせい〕する。

⑫ 〔かみさま〕にのる。

⑬ 〔しゅくだい〕をする。

⑭ 〔しょうそく〕をたつ。

⑮ 〔しんたい〕けんさをする。

⑯ 〔しょうわ〕生まれの人。

⑰ 〔びょうどう〕に配る。

⑱ むし 〔おこる〕

⑲ 冬休みが 〔おわる〕。

⑳ 人を 〔たすける〕。

こたえは 80ページ

・〜〜は、漢字とひらがなで書きましょう。

① グループの ☐（だいひょう）。

② ☐（けん）がい……。

③ みんなで ☐（ただしい）。

④ ☐（らい）を聞く。

⑤ 花火を ☐ あげる。

⑥ ☐（だん）の人。

⑦ ☐ 五メートルうちあげる。

⑧ ☐（ほうそう）きょく。

⑨ 考え方に ☐（はんたい）する。

⑩ ☐（せきたん）をほる。

⑪ 会の ☐（もうし）こ人数。

⑫ ☐（としょ）館へ行く。

⑬ コーヒーを ☐（ちゅうもん）する。

⑭ ☐（どうぐ）を買う。

⑮ ほけんの ☐（かかり）をする。

⑯ ☐（じつりょく）をためす。

⑰ いねを 〔 うえる 〕。

⑱ 気が 〔 みじかい 〕。

⑲ 親交を 〔 ふかめる 〕。

⑳ 川に石を 〔 なげる 〕。

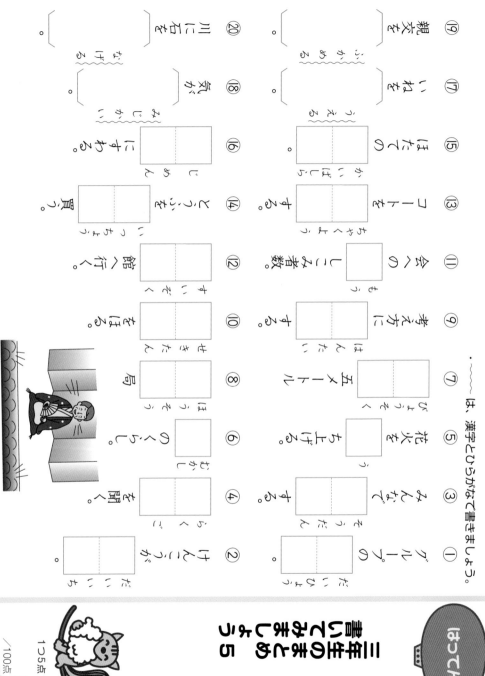

三年生のまとめ
書いてみましょう 5

/100点　135点　10分

月　日

三年生のまとめ　書いてみましょう ⑤

・――は、漢字とひらがなで書きましょう。

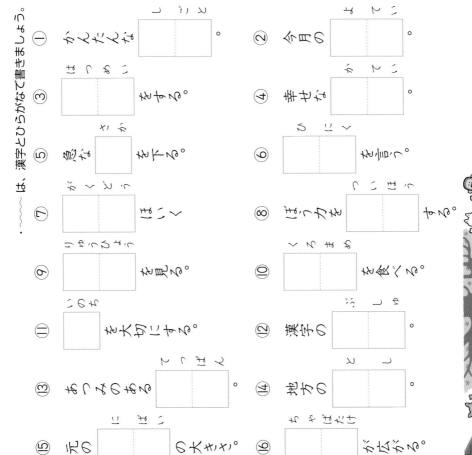

① かんたんな [こ｜と] 。

② 今月の [よ｜てい] 。

③ [はっ｜ぴょう] をする。

④ 幸せな [か｜てい] 。

⑤ 急な [さか] を下る。

⑥ [ひ｜にく] を言う。

⑦ [がっこう] ほうこく。

⑧ ぼう力を [こ｜ほう] する。

⑨ [りゅうひょう] を見る。

⑩ [くろまめ] を食べる。

⑪ [いのち] を大切にする。

⑫ 漢字の [ぶ｜しゅ] 。

⑬ あつみのある [と｜ぱん] 。

⑭ 地方の [と｜し] 。

⑮ 元の [に｜ばい] の大きさ。

⑯ [ちゃ｜ばたけ] が広がる。

⑰ おかしを [くばる] 。

⑱ 木に [のぼる] 。

⑲ わかれを [かなしむ] 。

⑳ 夕日が [しずむ] 。

答えは80ページ

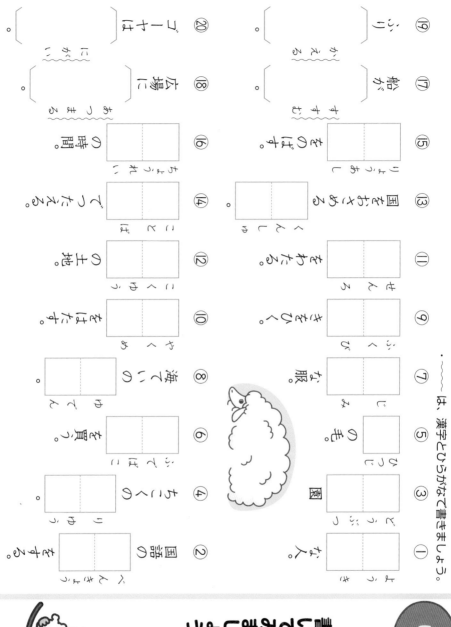

はってん

三年のまとめ
書いてまとめよう

月　日

10分　/100点

135点

・～～～は、漢字とひらがなで書きましょう。

① なまえ

③ えん 園

⑤ の毛

⑦ 服

⑨ ふくが

⑪ せきをはこぶ。

⑬ 国をおさめる。

⑮ しょうりをのぞむ。

⑰ 船がすすむ

⑲ こえが

② 国語の

④ のへや。

⑥ を買う。

⑧ 海での

⑩ をはたす。

⑫ の土地。

⑭ はいたつしてつたえる。

⑯ やすみの時間。

⑱ 広場にあつまる

⑳ コーナーは　にがる

答え

◇〈読んでみましょう〉の答えは〈書いてみましょう〉に、
〈書いてみましょう〉の答えは〈読んでみましょう〉にあります。

やってみよう1　5ページ

1 (1)ほうこう (2)じてん (3)あんぜん
　(4)かいてん
2 (1)悪気 (2)安売 (3)教育 (4)医学
3 (1)委・泳 (2)員・院 (3)飲・運
　(4)暗・意

やってみよう2　9ページ

1 (1)に (2)はや (3)おか
　(4)えきいん
2 (1)感心 (2)開通 (3)開 (4)文化
3 (1)①央②横 (2)①界②階
4 (1)温める (2)開く (3)化ける
　(4)寒い

やってみよう3　13ページ

1 (1)がん (2)でんきゅう
　(3)にゅうしゅう (4)きゅうめい
2 (1)客 (2)急行 (3)去 (4)宮
3 (1)究 (2)岸 (3)級 (4)起 (5)球

(6)期 (7)漢 (8)館

やってみよう4　17ページ

1 (1)きゅう (2)きょくせん (3)か
　(4)きんじょ
2 (1)君 (2)曲線 (3)血 (4)工業
3 (1)曲げる (2)軽い (3)係る
　(4)苦しむ
4 (1)①軽②係 (2)①区②苦

やってみよう5　21ページ

1 (1)む (2)きゃくり (3)きゃくり
　(4)まつ
2 (1)県 (2)港町 (3)幸 (4)研究室
3 (1)①銀②根 (2)①血②皿
4 (1)温 (2)決 (3)湖 (4)港

やってみよう6　25ページ

1 (1)しゅくじ (2)じじょ (3)つぎ
　(4)かこうしゃ

こたえあわせ 9　37ページ

④
(1)幸　(2)真　(3)植　(4)進む

❸
(1)し　(2)深い　(3)真　(4)植

❷
(1)ん　(2)か　(3)み　(4)わ

❶
…

こたえあわせ 8　33ページ

❸
(1)昭　(2)商　(3)習　(4)所

❷
(1)住　(2)重　(3)集　(4)重

❶
(1)じゅう　(2)す　(3)た　(4)け
への

こたえあわせ 7　29ページ

❹
(1)実　(2)者　(3)守　(4)終

❸
(1)主　(2)取　(3)酒　(4)受
受・取・守

❷
(1)に　(2)へ　(3)しゅ　(4)もの

❶
…

❹
(1)仕　(2)指　(3)死　(4)歯

❸
(1)仕　(2)使　(3)詩　(4)指

❷
(1)始　(2)指　(3)給　(4)指

こたえあわせ 13　53ページ

(3)稲　(4)等　(2)章　(1)章　(2)重
❸
(1)稲　(2)波　(3)　(1)湯
❷
(1)湯　(2)登　(3)波
(4)農業　(3)上等　(2)波
❶
(1)ほ　(2)は　(3)つ
(4)け

こたえあわせ 12　49ページ

転・都
❸
(1)投　(2)追　(3)度・庭・鉄道
(4)転・都　(3)度・庭島　(4)鉄道
❷
(1)定　(2)定　(3)定　(4)定
❶
(1)み　(2)た　(3)い　(4)ちょう

こたえあわせ 11　45ページ

第・柱
❸
(1)岸　(2)持　(3)炭　(4)帳
(1)待　(2)注　(3)短　(2)柱
❷
(1)丁　(2)対談　(3)み　(4)き
❶
(1)か　(2)ちょうがみ　(3)き　(4)つ

こたえあわせ 10　41ページ

族・音・対
❹
(1)速　(2)送　(3)他
❸
(1)対想　(2)対　(3)対立
息・族　(2)息　(4)族
❷
(1)消息　(2)他　(3)　(4)
❶
(1)と　(2)そ　(3)ま　(4)つ

やってみよう 14　57ページ

1 (1)きゅうびょう (2)ひき
(3)はなうた (4)びょうそく

2 (1)皮 (2)皮 (3)悲鳴 (4)氷点下

3 (1)①坂 ②板 (2)①水 ②氷

4 (1)美しい (2)反らす (3)悲しい
(4)表れる

やってみよう 15　61ページ

1 (1)はな (2)おじ (3)びょうどう
(4)かえ

2 (1)勉学 (2)員 (3)員 (4)手品

3 (1)①服 ②福 (2)①父 ②員

4 物・放・味・命

やってみよう 16　65ページ

1 (1)しょめん (2)よしゅう
(3)よう (4)ゆうえい

2 (1)問 (2)有 (3)洋食 (4)油

3 (1)①問 ②間 (2)①投 ②役
(3)①由 ②申 (4)①薬 ②薬

やってみよう 17　69ページ

1 (1)りょくちゃ (2)お
(3)りょうしん (4)ね

2 (1)旅館 (2)客様 (3)平和

(4)通学路

3 路・様・流・和・列・陽・旅・礼

三年生のまとめ 1　70ページ

①悪者 ②幸運 ③安全 ④遊泳
⑤暗号 ⑥横転 ⑦医院 ⑧温度
⑨委員 ⑩緑化 ⑪注意 ⑫重荷
⑬湯飲 ⑭銀世界 ⑮写真 ⑯洋服
⑰軽い ⑱曲げる ⑲起こす ⑳育む

三年生のまとめ 2　71ページ

①波 ②急病 ③漢詩 ④球根
⑤死去 ⑥期待 ⑦開始 ⑧感想
⑨階級 ⑩乗客 ⑪中央 ⑫宮
⑬湖岸 ⑭駅 ⑮研究 ⑯旅館
⑰列島 ⑱使う ⑲決める ⑳実る

三年生のまとめ 3　72ページ

①酒屋 ②他県 ③石橋 ④寒
⑤車庫 ⑥虫歯 ⑦指笛 ⑧薬局
⑨港 ⑩用具 ⑪区分 ⑫係 ⑬農業
⑭夏祭 ⑮鼻血 ⑯大皿 ⑰向かう
⑱受かる ⑲守る ⑳拾う

2年のまとめ 7　76ページ

① 陽気
② 勉強
③ 動
④ 理由
⑤ 陽気
⑥ 筆箱
⑦ 地
⑧ 油田
⑨ 羊
⑩ 役目
⑪ 味物
⑫ 国有
⑬ 福引
⑭ 言葉
⑮ 線路
⑯ 朝礼
　君主
　両足

2年のまとめ 6　75ページ

① 仕事
② 予定
③ 発明
④ 家庭
⑤ 坂
⑥ 字
⑦ 定
⑧ 追放
⑨ 流氷
⑩ 皮肉
⑪ 学童
⑫ 郡首
⑬ 鉄板
⑭ 都市
⑮ 黒豆
⑯ 命
⑰ 配る
⑱ 登る
⑲ 二倍
⑳ 茶畑
　悲しむ
　美しい

2年のまとめ 5　74ページ

① 代表
② 第一
③ 相談
④ 落語
⑤ 打ち表
⑥ 普昔
⑦ 秒
⑧ 放送
⑨ 反対
⑩ 石炭
⑪ 申
⑫ 水族
⑬ 着
⑭ 丁
⑮ 具
⑯ 地面
⑰ 植用
⑱ 短い
⑲ 目深める
⑳ 柱投げる
　深める
　投げる
　植える

2年のまとめ 4　73ページ

① 目次
② 商品
③ 住所
④ 文章
⑤ 式次
⑥ 品
⑦ 本州
⑧ 気持
⑨ 文章
⑩ 練習帳
⑪ 調整
⑫ 昭和
⑬ 宿題
⑭ 消息帳
⑮ 勝負
⑯ 身体
⑰ 平等
⑱ 暑い
⑲ 終わる
⑳ 助ける
　神様
　所
⑰ 進む
⑱ 集まる
⑲ 返る
⑳ 苦い